T0009062

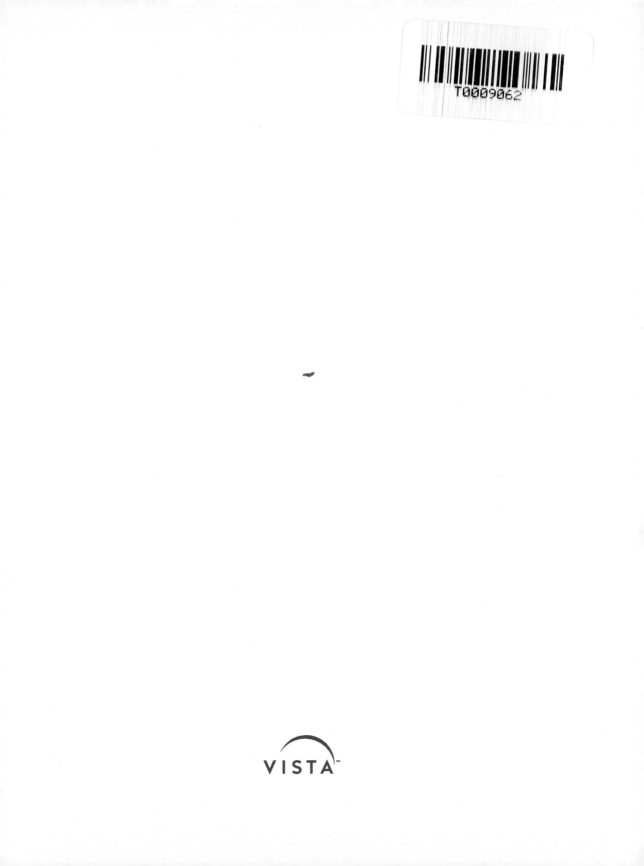

Analizar
la estructura del texto informativo

Saber cómo el autor organizó o construyó el texto es importante para ayudarte a entenderlo mejor. Hay cinco maneras de estructurar un texto informativo:

Preguntas y palabras útiles para **analizar la estructura de un texto informativo:**

Secuencia

¿El texto expone el orden de algún suceso? **(fechas, antes, después, finalmente)**

Problema y solución

¿El texto describe cómo darle solución a algún problema? **(problema, solución, dilema, respuesta, pregunta, satisfacer)**

Comparar y contrastar

¿El texto explica en qué se parecen y se diferencian dos o más cosas? **(similar, parecido, diferente, desiguales, iguales, semejantes, mientras que, sin embargo)**

Descripción

¿El texto está describiendo algo? **(por ejemplo, tales como, así, de esta manera)**

Causa y efecto

¿El texto explica por qué sucede algo? **(porque, debido a, la razón es, como resultado, como consecuencia)**

Animales de la selva tropical

Océano
Atlántico

VENEZUELA
GUYANA
SURINAM
Guayana Francesa
COLOMBIA
ECUADOR
Río Amazonas
BRASIL
PERÚ
BOLIVIA
AMÉRICA
DEL SUR
Océano
Pacífico
PARAGUAY
ARGENTINA
URUGUAY
CHILE

El río Amazonas se encuentra en América del Sur. Es uno de los ríos más largos de la Tierra. El terreno alrededor del río es un lugar muy húmedo. Llueve mucho.

selva tropical

Debido a la humedad, allí crecen muchos tipos de plantas y árboles. El área es una **selva tropical** conocida como la selva amazónica.

La selva tropical es el hogar de muchos tipos de animales. Estos animales tienen partes del cuerpo que los ayudan a sobrevivir en la selva tropical.

Un pájaro vuela de una rama de árbol a otra. Un insecto se arrastra sobre una hoja. Los peces nadan en el agua en busca de alimento.

caimán

Los peces no son los únicos animales que buscan alimento.

Un **caimán** descansa junto al río, espera y observa. El caimán tiene hambre. Necesita atrapar un pájaro o pescar algo para el desayuno.

Un **jaguar** se esconde entre las plantas cercanas.

El jaguar caza otros animales en la selva tropical. Este gran felino come casi cualquier cosa que se mueva.

El jaguar tiene pelos especiales en la cara llamados bigotes. Tiene aproximadamente 60 bigotes alrededor de la boca y los ojos.

jaguar

El jaguar usa sus bigotes para sobrevivir en la selva tropical. Sus bigotes son como un par extra de ojos, orejas o patas. Los bigotes ayudan al jaguar a detectar si algo se mueve cerca de él en la selva tropical.

El jaguar no puede ver bien de cerca. Utiliza sus bigotes para saber lo que tiene delante.

bagre

Un **bagre** nada en el fondo del río. Le gusta esconderse en el barro y las rocas. Los bagres tienen aletas en sus cuerpos que les ayudan a moverse en el agua.

El bagre se mueve con sus aletas para encontrar alimento. ¡Las aletas de un bagre también lo ayudan a mantenerse vivo, pues puede escapar rápidamente de los animales hambrientos!

anguila eléctrica

Otro pez que vive en el río Amazonas es la **anguila eléctrica**. Tiene solo una pequeña aleta en la parte inferior de su cuerpo. La anguila se mueve en el agua como una serpiente. La aleta le ayuda a nadar hacia adelante y hacia atrás para buscar alimentos y lugares para esconderse de otros animales.

Las garras de un **oso hormiguero** miden aproximadamente cuatro pulgadas de largo y son muy afiladas. Protegen al oso hormiguero de sus enemigos.

oso hormiguero

Las garras del oso hormiguero lo ayudan a vivir en la selva tropical.

Los osos hormigueros comen muchas hormigas para poder vivir. Usan sus garras para hacer agujeros en los **hormigueros**. Luego lamen las hormigas con sus largas lenguas.

hormiguero

Más de mil tipos diferentes de aves viven en la selva amazónica.

Estas aves tienen diferentes tipos de picos. El pico de cada ave le ayuda a vivir en la selva tropical.

Todas las aves usan sus picos para comer, pero comen cosas diferentes. Por eso tienen diferentes tipos de picos.

Algunas aves tienen picos largos y delgados para atrapar peces. Otras aves tienen picos cortos y fuertes para recoger frutos de los árboles.

¡Algunas aves usan sus picos para trepar a los árboles!

El caimán está junto al río y se mueve lentamente hacia el agua. De repente, ve algo bajo el agua. *¡Paf!* Sus dientes afilados atrapan un pez.

Los caimanes tienen bocas largas y unos 80 dientes. Con sus bocas y dientes atrapan y comen los alimentos en la selva tropical.

El jaguar, oculto, escucha el chapoteo en el agua. Ve al caimán atrapar los peces. Ahora el jaguar también tiene hambre.

El jaguar le ruge al caimán. También tiene dientes afilados.

anguila eléctrica

bagre

caimán

hormiguero

jaguar

oso hormiguero

selva tropical

Every effort has been made to trace the copyright holders of the works published here in. If proper copyright acknowledgment has not been made, please contact the publisher and we will correct the information in future printings.

Photography and Art Credits

All images © by Vista Higher Learning unless otherwise noted.

Cover: (background) SaveJungle/Shutterstock; (tl) Adalbert Dragon/Shutterstock; (tr) Frenta/ Deposit Photos; (bl) Giedriius/Deposit Photos; (br) Dirk Ercken/123RF.

Master Art: SaveJungle/Shutterstock; StonePictures/Shutterstock. **4:** Curioso Photography/123RF; **5:** Richard Whitcombe/Shutterstock; Fotos593/Shutterstock; **6:** Christian Kohler/Shutterstock; (t) Martin Mecnarowski/Shutterstock; (b) Dr Morley Read/Shutterstock; **7:** Nickdale/123RF; **8:** Gudkov Andrey/Shutterstock; **9:** Martin Pelanek/Shutterstock; **10:** Wrangel/123RF; **11:** Dudewayap/Deposit Photos; **12:** Vladimir Wrangel/Shutterstock; **13:** Fotofeeling/Media Bakery; South O Boy/Shutterstock; **14:** (t) OndrejProsicky/Deposit Photos; (b) Aleksandr Vorobev/123RF; **15:** Asif Mehmood 786/Shutterstock; Frenta/Deposit Photos; **16:** Giedriius/Deposit Photos; **17**: Adalbert Dragon/Shutterstock; **18:** (tl) Vladimir Wrangel/ Shutterstock; (tr) Fotofeeling/Media Bakery; (mtl) Nickdale/123RF; (mtr) Wrangel/123RF; (mbl) Dudewayap/Deposit Photos; (mbr) Gudkov Andrey/Shutterstock; (b) Fotos593/Shutterstock.

© 2024, Vista Higher Learning, Inc.
500 Boylston Street, Suite 620
Boston, MA 02116-3736
www.vistahigherlearning.com
www.loqueleo.com/us

Dirección Creativa: José A. Blanco
Vicedirector Ejecutivo y Gerente General, K–12: Vincent Grosso
Desarrollo Editorial: Salwa Lacayo, Lisset López, Isabel C. Mendoza
Diseño: Radoslav Mateev, Gabriel Noreña, Andrés Vanegas, Manuela Zapata
Coordinación del proyecto: Karys Acosta, Tiffany Kayes
Derechos: Jorgensen Fernandez, Annie Pickert Fuller, Kristine Janssens
Producción: Thomas Casallas, Oscar Díez, Sebastián Díez, Andrés Escobar, Adriana Jaramillo, Daniel Lopera, Daniela Peláez

Animales de la selva tropical
ISBN: 978-1-66992-206-3

Todos los derechos reservados. Esta publicación no puede ser reproducida, ni en todo ni en parte, ni registrada en o transmitida por un sistema de recuperación de información, en ninguna forma ni por ningún medio, sea mecánico, fotoquímico, electrónico, magnético, electroóptico, por fotocopia o cualquier otro, sin el permiso previo, por escrito, de la editorial.

Printed in the United States of America

1 2 3 4 5 6 7 8 9 GP 29 28 27 26 25 24